La BIBLIA

Libro para Colorear para Niños

ANTIGUO Y NUEVO TESTAMENTO

¡Gracias por su compra!

Estimado cliente,
Esperamos que su hijo disfrute de nuestro libro.

Por favor, considere dejar una reseña en Amazon. Nos encantaría escuchar sus comentarios, ya que siempre intentamos crear libros cada vez mejores.

Leemos cada uno de sus atentos mensajes, y las reseñas son la mejor manera de dar a conocer el libro a otros clientes potenciales.

¡Te estaremos siempre agradecidos!

¿Quieres regalos?

ESCANEAR AQUÍ

¿PREGUNTAS Y ATENCIÓN AL CLIENTE?

ESCANEAR AQUÍ

¿Quieres encargar este libro?

RESEÑA EN AMAZON

Rate Me

 TODO SOBRE MÍ

Mi nombre es

¡Este soy yo!

Tengo ☐ años

 Mi cumpleaños es

_____

Mi favorito

Me gusta jugar

El color _____

Los

animales _____

Dios crea el mundo.
Génesis 1:1-2:25

En el principio, antes de que nada fuera nada, Dios hizo los cielos y la tierra. Sólo dijo: "Que se haga la luz", ¡y se hizo la luz! Luego Dios hizo el cielo, la tierra y los océanos. Dios hizo las plantas y el sol, la luna y las estrellas. Le gustó lo que hizo. Era muy bueno.

Entonces Dios dijo: "Que el cielo se llene de pájaros que vuelen". Y así fue. Dijo: "Que las aguas se llenen de toda clase de criaturas". Entonces hubo peces, delfines, medusas y muchas otras criaturas en el agua. Luego, Dios hizo toda clase de animales. Cuando Dios vio todas las criaturas que había hecho, dijo que eran muy buenas.

Luego Dios hizo algo aún más especial. Tomó un poco de tierra y la transformó en un hombre. Entonces Dios sopló en el hombre y éste cobró vida. A continuación, Dios creó a la mujer. Fueron las primeras personas, personas como tú y como yo. Se llamaron Adán y Eva. Dios amaba a Adán y Eva. Todo lo que Dios hizo era muy bueno.

Dios crea el mundo.
Génesis 1:1-2:25

Adán y Eva desobedecieron a Dios.

Génesis 3:1-24

Adán y Eva vivían en un jardín maravilloso. Había árboles y plantas con buenos alimentos como manzanas, plátanos, uvas y sandía. Había flores, árboles y plantas hermosos a la vista.

En medio del jardín había un árbol llamado el Árbol del Conocimiento del bien y del mal. Dios dijo a Adán y Eva que podían comer cualquier cosa en todo el jardín excepto la fruta que crecía en ese árbol.

Un día, una serpiente habló con Eva y le dijo que comiera del fruto prohibido. "Si comes un poco de ese fruto, sabrás cosas que antes no sabías", le dijo la serpiente. "Serías como Dios".

Eva hizo caso a la serpiente. Comió parte del fruto del árbol del que Dios había dicho que no comiéramos. Adán también comió un poco. Dios estaba muy triste porque le habían desobedecido. Adán y Eva tuvieron que abandonar el hermoso jardín, pero Dios los seguía amando mucho.

Adán y Eva desobedecieron a Dios.
Génesis 3:1-24

Noé construye un arca.

Génesis 6:1-22

Adán y Eva tuvieron hijos, y sus hijos tuvieron hijos. Después de un tiempo había mucha gente por todas partes. Pero no amaban ni obedecían a Dios. Hacían daño a los demás y no seguían las reglas de Dios. Dios se arrepintió de haberlos creado.

Quedaba una persona que amaba a Dios. Se llamaba Noé. Noé hizo lo que era correcto. Dios le dijo a Noé que iba a enviar un diluvio para cubrir todo el mundo.

"Haz un barco grande", le dijo Dios a Noé. El barco se llamaba arca. Noé y su familia estarían a salvo en el arca cuando llegara el diluvio.

Noé y su familia obedecieron a Dios. Trabajaron duro para construir el arca. Trabajaron duro para reunir mucha comida. Después de mucho tiempo, el arca estaba lista. Noé y su familia estaban listos.

Noé construye un arca.
Génesis 6:1-22

Dios hace una promesa.

Génesis 8:1-9:17

La tierra estuvo cubierta de agua durante mucho tiempo. Finalmente, el agua desapareció lo suficiente como para que la parte inferior del arca descansara sobre una montaña. La tierra comenzó a secarse.

Noé y su familia y todos los animales permanecieron en el arca durante muchos días. Cuando la tierra se secó lo suficiente, Dios le dijo a Noé que saliera del arca. La familia de Noé debía de estar muy emocionada. Y los animales también. Hacía mucho tiempo que no podían correr, trepar y saltar sobre tierra seca.

Después de sacar a todos los animales del arca, Noé construyó un altar, un lugar especial para adorar a Dios.

Noé dio gracias a Dios por haber mantenido a salvo a su familia durante el diluvio.

Dios se alegró de oír rezar a Noé. Le prometió a Noé que no volvería a destruir a todos los seres vivos con un diluvio. Dios puso un arco iris en el cielo para recordar a todos su promesa.

Dios hace una promesa.
Génesis 8:1-9:17

Abram viaja a un nuevo hogar.

Génesis 12:1-9

Dios amaba a Abram. Dios le dijo a Abram que dejara su hogar y se fuera a una nueva tierra. Dios prometió hacer de Abram el líder de una gran nación.

Abram obedeció a Dios. Él y su esposa y su sobrino, Lot, dejaron su casa. Llevaron consigo a todos sus animales y a sus ayudantes. Caminaron durante muchísimos días.

Después de días y días de caminar, Abram y su familia llegaron a la nueva tierra. Dios le dijo que iba a dar la tierra a los hijos de Abram. Abram adoró a Dios. Abram confió en Dios. Abram creyó que Dios cumpliría sus promesas.

Abram viaja a un nuevo hogar.
Génesis 12:1-9

Nace Isaac.

Génesis 15:1-6; 17:1-8; 18:1-15; 21:1-7

Dios le hizo una promesa especial a Abram. Prometió dar a Abram y a su esposa un hijo. Como recordatorio de su promesa, Dios cambió el nombre de Abram por el de Abraham. Abraham significa "padre de muchos". Abraham y su esposa, Sara, esperaron muchos años, pero seguían sin tener un hijo. Sin embargo, Abraham no dejó de creer en la promesa de Dios.

Abraham y Sara envejecieron mucho, más que la mayoría de los abuelos. Un día unos ángeles visitaron a Abraham. "El año que viene Sara tendrá un hijo", dijeron los visitantes.
Sara estaba sentada en su tienda escuchando a Abraham y a los Abraham y a los ángeles. Cuando oyó las palabras de los ángeles, se echó a reír. Ella y Abraham tenían casi cien años.

Sabía que nadie de su edad había tenido un hijo. Era demasiado vieja. Los visitantes sabían que se reía. Dijeron: "¿Hay algo demasiado difícil para Dios?".
Dios cumplió su promesa a Abraham y Sara. Al año siguiente, Sara tuvo un niño tal como Dios había dicho. Abraham y Sara lo llamaron Isaac.

Nace Isaac.

Génesis 15:1-6; 17:1-8; 18:1-15; 21:1-7

El siervo de Abraham encuentra esposa para Isaac.

Génesis 24:1-67

Isaac creció y pronto llegó el momento de casarse.

Abraham habló con su siervo. "Prométeme que encontrarás una esposa para mi hijo Isaac". Su siervo prometió hacer todo lo posible.

El criado cargó muchos regalos en unos camellos. Viajó a través del caluroso y seco desierto hasta la tierra donde Abraham solía vivir. El siervo de Abraham se detuvo junto al pozo de un pueblo. El siervo le pidió a Dios que le mostrara quién sería la nueva esposa de Isaac.

Mientras rezaba, una hermosa mujer llamada Rebeca se acercó al pozo. El criado de Abraham le pidió un poco de agua. Ella le dio de beber y luego dijo: "También daré agua a tus camellos". Rebeca trabajó duro echando agua en el abrevadero hasta que los sedientos camellos tuvieron agua suficiente. El siervo de Abraham sabía que esta persona bondadosa era la que Dios quería que fuera la esposa de Isaac.

El siervo de Abraham se alegró de que Dios respondiera a su oración.Rebeca estaba feliz de ser la esposa de Isaac.

El siervo de Abraham encuentra esposa para Isaac.
Génesis 24:1-67

Jacob engaña a Esaú.
Génesis 25:19-34; 27:1-41

Jacob y Esaú eran hermanos gemelos. Esaú nació primero, así que se suponía que sería el próximo líder de la familia. A Esaú le encantaba cazar y estar al aire libre. Jacob era tranquilo y se quedaba en casa. Un día Jacob estaba cocinando un guiso. Esaú llegó de cazar y tenía mucha hambre. "Dame un poco de tu estofado", le dijo.

"Te daré un poco de estofado si me das el derecho de dirigir a la familia cuando muera nuestro padre" respondió Jacob. Así que Esaú cedió su primogenitura a Jacob. Esaú quería más el guiso que ser el jefe de su familia.

En otra ocasión, Jacob se disfrazó de Esaú. Jacob se puso un poco de piel de cabra en los brazos y el pecho para sentirse peludo como Esaú. Jacob se puso algo de la ropa de Esaú para oler a sudor como Esaú. (¡En aquella época no lavaban la ropa muy a menudo!)
Jacob habló con Isaac, pero como Isaac estaba casi ciego, Isaac pensó que Jacob era realmente Esaú. Isaac rezó por Jacob y le hizo promesas que había querido hacer a Esaú. Cuando Esaú se enteró del truco de Jacob, se enfadó mucho.

Jacob engaña a Esaú.

Génesis 25:19-34; 27:1-41

José perdona a sus hermanos.

Génesis 42:1—45:28

La familia de Jacob no tenía comida. Jacob se enteró de que había comida en Egipto. Envió a los hermanos de José a comprar comida. Los hermanos de José no sabían que Dios había ayudado a José a convertirse en un gobernante importante en Egipto.

Cuando los hermanos de José llegaron a Egipto, pidieron comprar comida. No sabían que estaban hablando con José. Hacía mucho tiempo que no veían a José. José había crecido. Ahora vestía y hablaba como un egipcio.

José fingió que no conocía a sus hermanos. Les preguntó les preguntó por su familia. Los puso a prueba para ver si se arrepentían de haber sido malos con él. Luego les dijo quién era y los perdonó. José los invitó a todos a vivir con él en Egipto. José se alegró de volver a estar con su familia.

José perdona a sus hermanos.

Génesis 42:1—45:28

El pueblo de Israel es esclavo en Egipto.

Éxodo 1:1-22

Los hermanos y el padre de José y todas sus familias se trasladaron a Egipto. Vivieron allí muchos años. Tuvieron hijos y sus hijos tuvieron hijos. Se llamaban israelitas. Pronto hubo muchos israelitas en Egipto.

Ahora había un nuevo rey en Egipto. Este faraón no sabía las cosas buenas que José había hecho por su país. Tenía miedo de los israelitas porque eran muchos. Pensaba que podrían apoderarse del país. El nuevo faraón convirtió a los israelitas en sus esclavos. Eso significa que los hacía trabajar duro y no les pagaba.

Aunque los egipcios trataban muy mal a los esclavos israelitas, Dios tenía el plan de ayudar a los israelitas.

El pueblo de Israel es esclavo en Egipto.

Éxodo 1:1-22

El pueblo de Israel es esclavo en Egipto.

Dios protege al bebé Moisés.

Éxodo 2:1-10

El faraón tenía miedo de los israelitas. Había muchos israelitas en Egipto. El faraón pensaba que había demasiados israelitas. El faraón planeó detenerlos hiriendo a todos los bebés varones israelitas.

Pero una madre escondió a su bebé de los soldados egipcios. Cuando ya no pudo esconderlo más, hizo una canasta que flotara. Metió al niño en la cesta y lo llevó con cuidado al río. La hermana mayor del niño, Miriam, se escondió cerca para ver qué pasaba.

La hija del faraón llegó al río con sus sirvientes para bañarse. La princesa vio la cesta y envió a una de sus criadas a buscarla. Cuando abrió la cesta, el bebé estaba llorando. La princesa sintió pena por él.

Miriam se acercó corriendo a la princesa y le dijo alguien que cuide de este bebé por ti"? La princesa dijo que sí. Así que Miriam llevó a la madre ante la princesa. La princesa le dijo a la madre que cuidara del bebé. Más tarde, la princesa llamó Moisés al bebé. Cuando Moisés creció, vivió con la princesa, ¡justo en el palacio del faraón!

Dios protege al bebé Moisés.

Éxodo 2:1-10

Dios habla con Moisés.
Éxodo 3:1-4:17

Moisés, ya adulto, se fue a vivir al desierto. Cuidaba unas ovejas. Un día vio algo extraño. Una zarza estaba ardiendo, ¡pero no se consumía! Moisés se acercó a la zarza para ver por qué no ardía.

Dios habló a Moisés desde la zarza. Le dijo: "Moisés, quítate los zapatos. Este es un lugar sagrado". Moisés supo que era Dios quien hablaba. Dios dijo: "Moisés, dile al faraón que deje libre a mi pueblo". Dios no quería que los israelitas fueran esclavos nunca más. Dios quería que Moisés fuera el líder de los israelitas.
Moisés tenía miedo. Tenía miedo de que el faraón no lo escuchara. Moisés tenía miedo de que los israelitas no lo escucharan. Dios le dijo a Moisés que le ayudaría a hacer lo que Dios quisiera.

Moisés incluso sería capaz de hacer milagros. Entonces el faraón haría lo que Dios quería. Pero Moisés todavía tenía miedo. Entonces Dios le dijo a Moisés que el hermano de Moisés, Aarón, lo ayudaría. Finalmente, Moisés estaba listo para ir a hablar con el Faraón.

Dios habla con Moisés.

Éxodo 3:1-4:17

Dios abre un camino a través del Mar Rojo.

Éxodo 14:1-31

Faraón quería que los israelitas regresaran a Egipto. No le quedaban suficientes esclavos para hacer todo el trabajo que los israelitas habían hecho antes de partir.

Así que Faraón y su ejército persiguieron a los israelitas.Cuando la gente vio venir al ejército, tuvieron miedo. No podían huir porque estaban al borde del Mar Rojo. Pero Dios cuidó de su pueblo. Dios le dijo a Moisés que extendiera su mano sobre el Mar Rojo. Dios envió un fuerte viento que sopló y sopló e hizo un camino de tierra seca a través del Mar Rojo. El pueblo atravesó el mar en seco.

El ejército egipcio intentó seguirlos. Cuando todos los israelitas estaban a salvo al otro lado, Dios le dijo a Moisés que extendiera de nuevo su mano sobre el mar. El agua volvió a su lugar. ¡Whoosh! El ejército egipcio quedó cubierto por el agua. Todos los israelitas confiaron en Dios por la forma en que los salvó de los egipcios.

Dios abre un camino a través del Mar Rojo.

Éxodo 14:1-31

Dios da los Diez Mandamientos.

Éxodo 19:1-24:18

Los israelitas caminaron por el desierto durante muchos días. Llegaron a una montaña. Dios les dice que acampen junto a la montaña. Todo el pueblo levantó tiendas. Recogieron combustible e hicieron hogueras para cocinar. Encontraron lugares para que sus animales descansaran y comieran.

Dios le dijo a Moisés que subiera a la cima de la montaña. Dios quería hablar con Moisés. Dios le dijo muchas cosas a Moisés mientras estaba en la montaña.

Dios le dio a Moisés dos tablas de piedra en las que Dios escribió sus leyes. Dios le dijo a Moisés muchas más leyes para que el pueblo las siguiera. Las leyes de Dios ayudaron al pueblo a saber lo que Dios quería. Las leyes de Dios le decían al pueblo que fueran justos los unos con los otros.

Moisés bajó de la montaña y les contó a los israelitas todo lo que Dios le había dicho. El pueblo prometió obedecer a Dios.

Dios da los Diez Mandamientos.
Éxodo 19:1-24:18

Dios proporciona agua de una roca.

Números 20:1-13

El pueblo tenía sed. Se acercaron a Moisés. ¿Por qué nos has hecho venir al desierto? "¿Por qué nos hiciste salir de Egipto? Aquí no hay nada bueno para comer. No hay agua".

Moisés estaba enojado con la gente. Lo culpaban de todos sus problemas. Olvidaban cómo Dios los protegía y siempre cuidaba de ellos. Así que Moisés habló con Dios.

Dios le dijo a Moisés que le hablara a una roca frente al pueblo. Dios haría salir agua de la roca. Moisés fue a la roca. Pero Moisés estaba tan enfadado que no hizo lo que Dios le dijo. En lugar de hablarle a la roca, Moisés la golpeó con su bastón. Dios hizo salir agua de la roca a pesar de que Moisés no hizo lo que Dios le dijo. Dios estaba triste porque Moisés no le obedeció.

Dios proporciona agua de una roca.

Números 20:1-13

Rahab ayuda a dos espías.

Josué 2:1-24

Josué era el nuevo líder del pueblo de Dios. Dios le dijo a Josué que condujera al pueblo a la Tierra Prometida. Dios prometió estar con Josué. "Sé fuerte y valiente", le dijo Dios.

Josué envió dos espías a Jericó para inspeccionar la tierra. El rey de Jericó se enteró de la presencia de los espías y envió soldados a buscarlos. Los espías estaban en casa de una mujer llamada Rahab. Ella los escondió en el tejado de su casa, debajo de unos tallos de lino. Cuando los soldados llegaron a su casa, ella les dijo que los hombres ya habían salido de la ciudad.

Los soldados se apresuraron a salir de la ciudad para encontrar a los espías. Entonces Rahab ayudó a escapar a los espías. Su casa estaba en la muralla de la ciudad. Los espías bajaron por el muro utilizando una cuerda. Rahab pidió a los espías que la mantuvieran a salvo cuando se apoderaran de la tierra. Los espías le prometieron que nadie en su casa saldría herido si dejaba la cuerda colgando de la ventana.

Rahab ayuda a dos espías.

Josué 2:1-24

Los muros de Jericó se derrumban.

Josué 6:1-27

Josué y los israelitas acamparon en las afueras de Jericó. El pueblo de Jericó cerró las puertas de la ciudad y no dejó entrar ni salir a nadie. Tenían miedo. No querían que los israelitas se apoderaran de su ciudad.

Dios le dijo a Josué un plan para tomar la ciudad. Josué y los Israelitas hicieron lo que Dios les dijo. En silencio, se pusieron en fila. No dijeron ni una palabra. Marcharon alrededor de Jericó. Hicieron esto todos los días durante casi una semana entera.

El último día, marcharon alrededor de la ciudad una, dos, tres.., cuatro, cinco, seis, siete veces. Luego se detuvieron. Los sacerdotes tocaron las trompetas y todo el pueblo gritó. Las murallas se derrumbaron. Los israelitas entraron directamente en la ciudad.

Los muros de Jericó se derrumban.

Josué 6:1-27

Rut muestra amor.
Rut 1:1-22

Noemí y su familia vivían en Israel. Pero ya no había mucha comida en Israel. Así que Noemí y su familia se fueron a vivir a Moab. Había mucha comida en Moab.

Los dos hijos de Noemí crecieron y se casaron. Uno de ellos se casó con Rut. Después de un tiempo, los hijos y el esposo de Noemí murieron. Noemí estaba triste. Se enteró de que volvía a haber comida en Israel, así que decidió volver a casa.

Rut quería ir con Noemí. "Quédate aquí en Moab", le dijo Noemí. "No tengo dinero. Serías pobre si te quedaras conmigo".

"Por favor, no me digas que te deje", dijo Rut. "Iré adonde tú vayas. Tu pueblo será mi pueblo y tu Dios mi Dios". Rut se quedó con Noemí porque amaba a Noemí y amaba a Dios. A Rut no le importaba que fueran muy pobres y no tuvieran forma de ganar dinero.

Rut muestra amor.

Rut 1:1-22

Dios ayuda a Gedeón a derrotar a los madianitas.

Jueces 7:1-21

Mucha gente vino a ayudar a Gedeón a luchar contra los madianitas. Pero muchos de los hombres tenían miedo. "Que todo el que tenga miedo a casa", le dijo Dios a Gedeón. La mayoría de los hombres se fueron. Pero Dios pensó que el ejército de Gedeón era todavía demasiado grande.
Dios le dijo a Gedeón llevó a los hombres al río para que bebieran. La mayoría de los hombres se arrodillaron para beber. Dios le dijo a Gedeón que enviara a esos hombres a casa. Ahora sólo quedaban trescientos hombres. No eran muchos.

El ejército de Madián tenía más hombres de los que Gedeón podía contar. No había manera de que sólo trescientos hombres pudieran ganar una batalla contra un ejército tan grande. Dios le dijo a Gedeón lo que tenía que hacer. Gedeón dio a cada hombre de su ejército una trompeta y una vasija con una antorcha dentro. Los hombres rodearon el campamento madianita. En el momento justo tocaron sus trompetas, rompieron sus jarras y gritaron: "¡La espada del Señor y de Gedeón!". Cuando el gran ejército madianita oyó el ruido y vio las luces, ¡huyó! Dios salvó a su pueblo con un pequeño ejército y un líder que obedeció a Dios.

Dios ayuda a Gedeón a derrotar a los madianitas.

Jueces 7:1-21

Dios responde a la oración de Ana.

1 Samuel 1:1—2:11

El esposo de Ana tenía otra esposa llamada Peniná.

Penina tenía hijos e hijas, pero Ana no tenía hijos. Penina se burlaba de Ana porque no tenía hijos. Ana se sintió triste.

Cuando la familia de Ana fue a adorar a Dios en el Tabernáculo, Ana lloraba y lloraba. Rezaba: "Por favor, Dios, dame un hijo".

Elí, el sacerdote, vio a Ana rezando y pensó que estaba borracha. Le dijo que dejara de emborracharse. Ana respondió: "No estoy borracha. Estoy muy triste y le pido a Dios que me ayude". Elí le dijo que se fuera en paz. Elí le pidió a Dios que le diera lo que le pedía.

Dios respondió a la oración de Ana. Ana llamó a su bebé Samuel. Cuando tuvo edad suficiente, Ana llevó a Samuel al Tabernáculo para que pudiera servir a Dios.

Dios responde a la oración de Ana.

1 Samuel 1:1—2:11

Samuel elige un rey.

1 Samuel 8:1—10:24

Samuel creció y se convirtió en el líder de Israel. Se le llamaba juez. Ahora Samuel estaba envejeciendo. Algunas personas hablaron con Samuel. Le dijeron: "Danos un rey como los de los otros países que nos rodean. Queremos ser como ellos".

Samuel estaba molesto porque sabía que Dios era el verdadero Rey de Israel. Así que oró a Dios. Dios le dijo: "Samuel, adviérteles. Diles que un rey los convertirá en sus siervos y les quitará sus tierras y sus animales".

Samuel le contó al pueblo todo lo que Dios había dicho. Al pueblo a la gente no le importó. Dijeron: "¡Queremos un rey de todos modos!". Por aquel entonces, un joven llamado Saúl estaba buscando los burros perdidos de su padre. Mientras Saúl caminaba hacia el pueblo, Samuel vio a Samuel. Dios le dijo: "Samuel, aquí está el hombre que quiero que sea rey".

Samuel le dijo a Saúl: "Me gustaría que vinieras a comer conmigo". Y no te preocupes, tus burros han sido encontrados". A la mañana siguiente, Samuel cogió una botellita de aceite de oliva y la derramó sobre la cabeza de Saúl diciendo: "El Señor te ha elegido para que seas el jefe de su pueblo." Y a partir de ese momento, Dios ayudó a Saúl a prepararse para ser rey.

Samuel elige un rey.
1 Samuel 8:1—10:24

David lucha contra Goliat.

1 Samuel 17:1-58

Los hermanos de David estaban en el ejército de Saúl. Un día, el padre de David lo envió a visitar a sus hermanos. David vio que el ejército se preparaba para luchar contra los filisteos. De repente, salió un filisteo gigante. El ejército de Saúl tuvo miedo. Volvieron corriendo a sus tiendas. Goliat, el gigante filisteo, medía más de nueve pies.

Goliat gritó: "Elige a un hombre para que luche contra mí. Si consigue matarme, nos convertiremos en tus esclavos. Pero si gano el combate, os convertiréis en nuestros esclavos". Nadie en el campamento israelita quería luchar contra Goliat. No creían que nadie pudiera vencer a alguien tan grande.

David sabía que Dios era más fuerte que Goliat. David dijo: "Yo iré a pelear con él". El rey Saúl escuchó lo que dijo David. "Eres demasiado joven y pequeño para luchar contra Goliat", dijo el rey Saúl. "Pero Dios me ayudó a luchar contra leones y osos cuando cuidaba de las ovejas de mi padre y Dios me ayudará ahora", respondió David.

Goliat se rió al ver a David. ¡Incluso se burló de Dios!

David sólo utilizó su honda y una piedra para luchar contra Goliat. Dios ayudó a David a salvar a su pueblo del ejército filisteo.

David lucha contra Goliat.
1 Samuel 17:1-58

Dios envía cuervos con comida para Elías.

1 Reyes 17:1-6

Acab era el nuevo rey de Israel. Acab no adoraba a Dios. Acab construyó lugares para adorar ídolos en vez de a Dios. Mucha gente en Israel dejó de adorar a Dios por las cosas malas que hizo Acab. Dios estaba enojado con Acab.

Elías no adoró ídolos. Elías obedeció a Dios. Elías fue a ver al Rey Acab. "No lloverá en mucho tiempo", le dijo Elías. "No habrá lluvia para hacer crecer la comida en los campos. No lloverá para que la hierba reverdezca. No lloverá para que la gente tenga agua para beber". Acab estaba muy enojado.
Entonces Dios le dijo a Elías que se escondiera del rey. Elías salió de la ciudad. Él caminó y caminó. Elías llegó a un arroyo. Elías bebió un poco agua del arroyo. Dios le dijo a Elías que se quedara junto al arroyo. Dios le dijo a Elías que unos pájaros llamados cuervos iban a traerle comida.

Cada mañana y cada tarde los cuervos venían con pan y carne para que Elías comiera.

Dios envía cuervos con comida para Elías.
1 Reyes 17:1-6

Elías va al paraíso.

2 Reyes 2:1-14

Elías era un profeta importante que transmitía a la gente mensajes de Dios. Pero había llegado el momento de que Elías se fuera al cielo. Elías y Eliseo caminaron juntos. Cruzaron un río. Elías dijo: "Si Dios te permite verme cuando suba al cielo, entonces te harás cargo de mi trabajo".

De repente bajaron del cielo un carro y unos caballos que parecían de fuego. Entonces Elías subió al cielo en un torbellino. Lo único que quedó fue el manto de Elías, que había caído al suelo. Eliseo recogió el manto.

Eliseo había visto el carro y los caballos. Fue muy emocionante. Eliseo estaba triste porque Elías ya no iba a estar con él, pero ahora Eliseo tenía un trabajo importante que hacer. Eliseo sabía que Dios estaba con él y lo ayudaría.

Josías escucha la Palabra de Dios.
2 Reyes 22:1-23:3; 2 Crónicas 34:14-32

Josías sólo tenía ocho años cuando se convirtió en rey. Ya nadie en su país leía la Palabra de Dios. Ni siquiera los sacerdotes que estaban a cargo del Templo sabían dónde estaba la Palabra de Dios.

Un día, un sacerdote del Templo encontró un pergamino con la Palabra de Dios escrita en él. Corrió a ver al ayudante del rey. "Aquí hay un pergamino con la Palabra de Dios", le dijo el sacerdote. "El rey Josías querrá ver esto". El ayudante llevó el pergamino al rey.

El ayudante del rey leyó la Palabra de Dios a Josías. El rey Josías escuchó la Palabra de Dios. El rey Josías amaba a Dios y quería obedecer la Palabra de Dios, pero cuando escuchó lo que estaba escrito en la Palabra de Dios, lloró. Le entristeció saber que su pueblo no obedecía a Dios.

El rey Josías convocó a todos los líderes. Les dijo lo que decía la Palabra de Dios. Josías y todos los líderes prometieron obedecer la Palabra de Dios.

Josías escucha la Palabra de Dios.
2 Reyes 22:1-23:3; 2 Crónicas 34:14-32

Jonás desobedece a Dios.

Jonás 1:1-2:10

Dios no estaba contento con la forma en que actuaba la gente de Nínive. Dios le dijo a Jonás que advirtiera a la gente de Nínive que Dios los castigaría por todas las cosas malas que seguían haciendo. Pero a Jonás no le gustaba la gente de Nínive y no quería que recibieran una advertencia. Así que Jonás decidió desobedecer a Dios. Jonás se subió a un barco que iba en dirección contraria.

Dios quería que Jonás le obedeciera. Dios envió una tormenta que hizo que el barco comenzara a hundirse. La gente del barco tuvo miedo. Jonás dijo: "Dios envió esta tormenta porque yo huí de Él. Si queréis que pare esta tormenta, debéis arrojarme por la borda". La gente de la barca arrojó a Jonás al agua. De repente, el mar se aquietó.

Jonás se hundió, se hundió, se hundió. Jonás quería respirar, pero no podía. Jonás vio un pez gigante nadando hacia él. Jonás intentó alejarse nadando, pero el pez gigante abrió su boca gigante y se tragó a Jonás. ¡Golfo! Jonás estaba en el vientre del gran pez. Ahora Jonás podía respirar.

Debía de oler muy mal. Jonás se arrepintió de haber desobedecido a Dios. Rezó y prometió obedecer a Dios. Finalmente, Dios hizo que el pez nadara hasta la orilla y escupió a Jonás en la playa.

Jonás desobedece a Dios.

Jonás 1:1-2:10

Daniel y sus amigos decidieron obedecer a Dios.

Daniel 1:1-21

Daniel y sus amigos fueron llevados a un palacio lejano. El rey El rey quería que aprendieran a trabajar para él. El rey les dio una comida especial. Daniel y sus amigos sabían que Dios no quería que comieran la clase de comida que el rey les daba.

Daniel y sus amigos querían obedecer a Dios. Daniel le pidió al Daniel le pidió al ayudante del rey que les diera a sus amigos y a él sólo verduras y agua. El ayudante del rey tenía miedo de que Daniel y sus amigos no estuvieran tan sanos como algunos de los otros muchachos que estaban aprendiendo a trabajar para el rey. El ayudante del rey sabía que el rey se enfadaría si Daniel y sus amigos no estaban sanos.

Daniel dijo: "Por favor, pruébanos durante diez días. Danos sólo verduras y agua y luego ve quién está más sano: mis amigos y yo o los demás". El ayudante del rey accedió a ponerlos a prueba.

Después de diez días, Daniel y sus amigos parecían más sanos que cualquiera de los otros jóvenes. Dios ayudó a Daniel y a sus amigos. Al rey le agradaron Daniel y sus amigos. Les dio trabajos importantes.

Daniel y sus amigos decidieron obedecer a Dios.
Daniel 1:1-21

Dios protege a los amigos de Daniel en un horno.

Daniel 3:1-30

El rey Nabucodonosor construyó una estatua muy alta. El rey Nabucodonosor quería que todos se inclinaran y adoraran su estatua. El rey dijo: "¡Quien no se incline será arrojado a un horno de fuego!".

Algunos hombres que trabajaban para el rey vieron que Sadrac, Mesac y Abednego no se inclinaban ante la estatua del rey. No se inclinaron porque sabían que sólo debían adorar a Dios, no a una estatua.

El rey se enojó mucho con los tres hombres. El rey ordenó a sus guardias que ataran a Sadrac, Mesac y Abednego y los arrojaran al horno más caliente. Pero cuando estaban en el horno, el rey vio algo muy extraño. Sadrac, Mesac y Abednego no estaban siendo quemados. Ni siquiera estaban atados. Estaban caminando dentro del horno con otra persona: ¡un ángel!

El rey llamó a Sadrac, Mesac y Abednego: "Siervos del Dios Altísimo, ¡salgan!" El rey dijo: "Alabado sea Dios, que envió un ángel para salvar a sus siervos". Sadrac, Mesac y Abednego preferirían renunciar a sus vidas antes que adorar a otro dios que no fuera el único Dios verdadero."

Dios protege a los amigos de Daniel en un horno.

Daniel 3:1-30

Dios protege a Daniel en un foso de leones.

Daniel 6:1-28

Daniel amaba a Dios y le rezaba todos los días. De hecho rezaba tres veces al día. Daniel sabía que orar a Dios era lo correcto. Había algunos hombres malos que no querían a Daniel. Fueron Rey, creemos que deberías establecer una regla por la que todos deban rezarte sólo a ti. Si la gente reza a otro que no seas tú, ¡serán arrojados a una cueva llena de leones!". Al rey le pareció una buena idea.

Al día siguiente, Daniel rezó a Dios. Los hombres malos observaron cómo Daniel oraba a Dios. Luego corrieron a contarle al rey lo que habían visto. El rey estaba triste. Daniel era su amigo. El rey sabía que lo habían engañado para hacerle daño a Daniel. Pero el rey también tenía que obedecer la regla. Metieron a Daniel en una gran cueva donde vivían leones hambrientos.

Toda la noche el rey se preocupó por Daniel. A la mañana siguiente, el rey corrió a la cueva de los leones. Gritó: "¡Daniel! Daniel! Rey, estoy a salvo. El Señor Dios me cuidó".

El rey se alegró mucho de que Daniel no estuviera herido. Entonces el rey contó a todos lo que Dios había hecho.

Dios protege a Daniel en un foso de leones.

Daniel 6:1-28

Ester es elegida reina.

Ester 2:1-18

La reina no hizo lo que el rey Jerjes quería. El rey estaba muy enojado. "¿Qué debo hacer?", preguntó el rey a sus amigos. Los amigos del rey dijeron: "Despídela y busca una nueva reina". Así que el rey empezó a buscar una nueva reina. Trajeron a palacio a muchas chicas guapas del reino.

Una de ellas se llamaba Ester. Ester era muy hermosa. Ester conoció al rey. Al rey le gustó Ester. El rey dijo: "Quiero que Ester sea la nueva reina". El rey puso una corona en la cabeza de Ester. El rey invitó a mucha gente a un banquete para la reina Ester. El rey estaba tan contento que les dijo a todos que se tomaran vacaciones. El rey no sabía que Dios tenía un trabajo especial para Ester.

Ester es elegida reina.

Ester 2:1-18

Nehemías reconstruye las murallas.

Nehemías 2:11-4:23

Nehemías era el ayudante especial del rey. Un día, el hermano de Nehemías vino de lejos a visitarlo. "La ciudad donde vivíamos antes tenía muros fuertes. Ahora están rotas. La ciudad no es segura". Nehemías estaba triste. Entonces Nehemías oró a Dios.

Cuando el rey vio a Nehemías, le preguntó: "¿Por qué estás tan triste?" Nehemías respondió: "Estoy triste porque el muro que rodea mi ciudad está derruido".

El rey le dijo: "Puedes ir y ayudar al pueblo a construir el muro. Vuelve cuando esté terminado". Nehemías se puso muy contento.

Cuando Nehemías llegó a la ciudad, dijo a todo el pueblo: "Nosotros podemos construir el muro. Podemos hacerla fuerte de nuevo".

Todos trabajaron juntos. Después de muchos días, el muro terminado. Todos se alegraron de ver el muro. Y Nehemías estaba contento de que Dios había escuchado su oración.

Nehemías reconstruye las murallas.
Nehemías 2:11-4:23

Un ángel visita a María.
Lucas 1:26-38

Dios quería darle una buena noticia a una muchacha llamada María. Cuando le das una buena noticia a alguien, puedes llamarle por teléfono o escribirle una carta. Pero Dios envió un ángel a hablar con María.

Un día, María estaba sola. Levantó la vista. Allí, a su lado había un ángel. María nunca había visto un ángel de verdad. María se sorprendió al ver al ángel. Tuvo miedo.

El ángel le dijo: "No tengas miedo, María. Dios te ama. Te ha elegido para que seas la madre de un niño muy especial. Le pondrás por nombre Jesús. Este niño tan especial será el Hijo de Dios".

María se alegró al oír esta promesa. Alabó a Dios.

Un ángel visita a María.
Lucas 1:26-38

Nace Jesús.
Lucas 2,1-7

María iba a tener un hijo. Un ángel había venido a hablarle de este bebé. Su bebé sería especial. Sería el Hijo de Dios. Cuando llegó el momento de tener a su bebé, María y José tuvieron que hacer un viaje. Caminaron y caminaron durante tres días. Finalmente, María y José llegaron a Belén. Había tanta gente que no quedaban habitaciones en la posada. No tenían dónde alojarse.

Finalmente, María y José encontraron un lugar donde quedarse. No era un buen bonito. Probablemente ni siquiera estaba limpio. Era un lugar para animales. El pequeño bebé de María nació allí. María envolvió al niño en paños limpios y lo acostó en un pesebre lleno de pajas limpias. María y José llamaron a este niño Jesús.

Nace Jesús.
Lucas 2,1-7

María y José buscan a Jesús.

Lucas 2:41-52

Una multitud volvía a casa. Habían ido a Jerusalén para una celebración especial. María y José estaban allí. Estaban paseando y hablando con sus amigos. Pensaron que Jesús también estaba entre la multitud. Pensaron que Jesús estaba paseando y hablando con sus amigos.

María y José y sus amigos caminaron todo el día. Cuando a oscurecer, María y José empezaron a buscar a Jesús. María debió de pensar que Jesús debía de estar por aquí. María y José no encontraron a Jesús. María y José estaban preocupados. ¿Qué le habrá pasado a Jesús? ¿Se ha hecho daño? ¿Se ha perdido?

Se apresuraron a volver a Jerusalén. María y José miraron y buscaron. Por fin encontraron a Jesús. Estaba sentado en el Templo. Jesús escuchaba a los maestros. Jesús les hacía preguntas. Los maestros estaban asombrados de Jesús. Los maestros aprendían de Jesús a pesar de que era sólo un niño. María le preguntó a Jesús: "¿Por qué estás aquí? Te hemos estado buscando". Jesús respondió: "¿Por qué me buscaban? ¿No sabíais que tenía que estar en la casa de mi Padre"? Jesús se fue a casa con María y José. Jesús les obedeció.

María y José buscan a Jesús.
Lucas 2:41-52

Juan bautiza a Jesús.

Mateo 3:13-17; Marcos 1:9-11; Lucas 3:21,22; Juan 1:29-34

Un día Jesús fue a ver a Juan el Bautista. Juan estaba predicando y bautizando a la gente en el río Jordán. Juan le dijo a la gente que dejara de hacer cosas malas porque venía el Salvador del mundo.

Jesús le pidió a Juan que lo bautizara. Juan sabía que Jesús era el Salvador del mundo. Juan le dijo: "No sirvo ni para atarte los zapatos. ¿Por qué me pides que te bautice? Deberías bautizarme a mí". Jesús dijo que era justo que Juan lo bautizara.

Juan y Jesús se sumergieron en el río. Después de que Juan bautizara a Jesús, una paloma bajó volando y se posó sobre Jesús para mostrarle que Dios estaba con Él. Una voz del cielo dijo: "Este es mi Hijo. Estoy contento con él".

Juan bautiza a Jesús
Mateo 3:13-17; Marcos 1:9-11; Lucas 3:21,22; Juan 1:29-34

Jesús dice: "Sígueme".

Mateo 4:18-22; Marcos 1:16-20; Lucas 5:1-11; Juan 1:40-42

A Pedro y Andrés les gustaba pescar. Iban a pescar todos los días. Con la pesca ganaban dinero.

Un día Jesús vino al mar de Galilea donde llo sestaban pescando. Mucha gente quería oír a Jesús enseñar. La gente se agolpaba a su alrededor, tratando de acercarse. Jesús subió a la barca de Pedro y Andrés. Entonces Jesús se sentó y enseñó a toda la gente que se agolpaba en la playa.

Cuando Jesús terminó de hablar con la gente, le dijo a Pedro que llevara la barca a aguas más profundas. Entonces Jesús le dijo a Pedro que echara las redes para pescar.

Cuando Pedro y Andrés echaron las redes, pescaron tantos peces que las redes se rompieron.Pedro y Andrés llamaron a sus compañeros de otra barca para que vinieran a ayudarles. Había tantos peces que, cuando echaron las redes con los peces a las barcas, éstas empezaron a hundirse.

Rápidamente, los hombres remaron hasta la orilla. Jesús les dijo: "A partir de ahora pescaréis gente". Jesús quería decir que Pedro y Andrés contarían a mucha gente la buena noticia de Jesús. Pedro y Andrés y sus compañeros subieron sus barcas a la playa, lo dejaron todo y siguieron a Jesús.

Jesús dice: "Sígueme".

Mateo 4:18-22; Marcos 1:16-20; Lucas 5:1-11; Juan 1:40-42

Jesús habla con una samaritana.

Juan 4:1-42

Jesús y sus amigos caminaron hasta el país de Samaria. Fue una larga caminata. Jesús estaba cansado y se sentó a descansar junto a un pozo. Los amigos de Jesús fueron al pueblo a buscar comida.

Mientras los amigos de Jesús estaban fuera, una mujer vino al pozo a buscar agua. Hacía mucho calor. El sol brillaba mucho. La mujer trajo un cántaro grande para llenarlo de agua. Debía de ser un trabajo duro cargar con la pesada jarra.

"¿Me das de beber?" preguntó Jesús. La mujer se sorprendió. En aquella época, los hombres no hablaban con las mujeres en lugares públicos. Jesús le contó a la mujer algunos secretos que ella tenía. Jesús le mostró que se preocupaba por ella. Jesús le dijo que Él era el Mesías, el Salvador que Dios había prometido enviar. La mujer regresó al pueblo para contarle a otros acerca de Jesús. Llevó a mucha gente a ver a Jesús para que también lo escucharan.

Jesús habla con una samaritana.
Juan 4:1-42

Jesús cura a la hija de Jairo.

Mateo 9:18-26; Marcos 5:22-43; Lucas 8:40-56

La hija de Jairo estaba enferma. Jairo fue a ver a Jesús. "Por favor, ven y cura a mi hija". Jesús fue con Jairo. Mientras caminaban hacia la casa de Jairo, llegó un ayudante y le dijo que la hijita de Jairo ya estaba muerta.

Jesús le dijo: "No tengas miedo. Se pondrá bien". Cuando llegaron a casa de Jairo, Jesús les dijo a todos que salieran de la habitación de la niña. Entonces Jesús y los padres de la niña entraron en la habitación.

Jesús cogió a la niña de la mano y le dijo: "Hija mía, levántate". Enseguida se levantó. Jesús dijo a sus padres que le dieran algo de comer. Los padres quedaron asombrados al ver el poder de Jesús sobre la muerte.

Jesús cura a la hija de Jairo.
Mateo 9:18-26; Marcos 5:22-43; Lucas 8:40-56

Jesús utiliza el almuerzo de un niño para alimentar a 5.000 personas.

Mateo 14:13-21; Marcos 6:30-44; Lucas 9:10-17; Juan 6:1-15

Mucha gente seguía a Jesús. Le escuchaban hablar todo el día. No tenían qué comer y se hacía tarde. La gente tenía hambre. Estaban muy lejos de un pueblo con comida. Jesús les dijo a sus amigos que les dieran algo de comer. Los amigos de Jesús no tenían suficiente comida para toda la gente. Sólo un niño tenía algo de comida. Era suficiente para que una persona almorzara, pero el niño quería compartir su comida.

Jesús dijo a la gente que se sentara. Jesús tomó la comida del niño y oró. Luego partió trozos de pan y de pescado. Sus amigos repartieron la comida entre la gente. Había más que suficiente para que todos comieran. Fue un milagro, algo que sólo Dios podía hacer. El almuerzo de un niño se convirtió en comida suficiente para todos.

Jesús utiliza el almuerzo de un niño para alimentar a 5.000 personas.

Mateo 14:13-21; Marcos 6:30-44; Lucas 9:10-17; Juan 6:1-15

Jesús ama a los niños.

Mateo 19:13-15; Marcos 10:13-16; Lucas 18:15-17

Un día Jesús estaba enseñando a sus amigos y a otras personas acerca de Dios. Ellos escuchaban atentamente lo que Jesús decía. En ese momento, un grupo de personas vino a ver a Jesús.

Jesús y sus amigos miraron a esas personas y vieron que eran niños y sus padres. Los niños y sus madres y padres estaban muy contentos de ver a Jesús.

Pero cuando se acercaron a Jesús, sus amigos pensaron que Jesús estaba demasiado ocupado para hablar con los niños. Los amigos de Jesús le dijeron: "¡No traigas aquí a esos niños!". Los niños y sus padres se entristecieron al oír aquellas palabras. Empezaron a alejarse.

Pero, ¡esperad! Jesús dijo: "¡Dejad que los niños vengan a Mí! Quiero verlos". ¡Jesús no estaba demasiado ocupado para ver a los niños! Jesús los amaba.

Inmediatamente, los niños corrieron hacia Jesús. Se agolparon junto a Él. Algunos incluso se subieron a su regazo. Jesús los abrazó.

¡Qué día tan feliz! Los niños sabían que Jesús los amaba.

Jesús ama a los niños.
Mateo 19:13-15; Marcos 10:13-16; Lucas 18:15-17

La gente recibe a Jesús en Jerusalén.

Mateo 21:1-11; Marcos 11:1-11; Lucas 19:28-44

¡Qué día tan feliz! Jesús y sus amigos iban al Templo de Jerusalén. En el camino, Jesús se detuvo. Dijo a sus amigos: "Hay un burrito en la ciudad. Desatadlo y traédmelo".

Jesús subió a lomos del asno y comenzó a cabalgar hacia la ciudad. Muchas otras personas caminaban por el camino de Jerusalén. Algunos se alegraron tanto de ver a Jesús que extendieron sus mantos por el camino. Otros cortaban ramas de palmera y las ponían en el camino para que pasara el burro de Jesús. Trataban a Jesús como a un rey

Algunos corrían delante para decir a los demás: "¡Ya viene Jesús!". Y aún más gente se acercó a ver a Jesús. Decían: "¡Hosanna! Hosanna!" (Eso significa "Sálvanos") ¡Era un día maravilloso en Jerusalén! ¡La gente alababa a Jesús!

La gente recibe a Jesús en Jerusalén.
Mateo 21:1-11; Marcos 11:1-11; Lucas 19:28-44

Jesús come una comida especial con sus amigos.

Mateo 26:17-30; Marcos 14:12-26; Lucas 22:7-38

Jesús y sus amigos estaban en Jerusalén para celebrar juntos una fiesta. La fiesta se llamaba la Pascua. Los judíos celebraban la Pascua todos los años para recordar el momento en que Dios los liberó de la esclavitud.

Como parte de la fiesta, Jesús y sus amigos comieron una comida especial.

Jesús cogió pan de la mesa. Jesús dio gracias a Dios por el pan. Luego partió el pan en pedazos y se lo dio a cada uno de sus amigos.

"Tomad y comed. Esto es mi cuerpo entregado por vosotros", dijo Jesús. Jesús comparó el pan con su cuerpo.

Luego Jesús tomó una copa y dio gracias a Dios por ella. "Bebed de esta copa. Esta es mi sangre derramada por muchos", dijo Jesús. Jesús dio la copa a cada amigo.

El pan y la copa eran recordatorios de lo que iba a suceder pronto.La muerte de Jesús en la cruz. Esta comida especial, llamada la Última Cena, recuerda a todos los que siguen a Jesús su amor y el plan de Dios para perdonar los pecados.

Jesús come una comida especial con sus amigos.
Mateo 26:17-30; Marcos 14:12-26; Lucas 22:7-38

Jesús muere en la cruz.

Mateo 27:32-56; Marcos 15:21-41; Lucas 23:26-49; Juan 19:17-37

Un día, Jesús dijo a sus amigos: "Dentro de unos días, unas personas me van a llevar. Me van a matar". Los amigos de Jesús estaban tristes. Jesús sabía que esto era parte del plan de Dios para que la gente pudiera ser perdonada por las cosas malas que habían hecho. Y Jesús sabía que no se quedaría muerto.

A la gente que quería matar a Jesús no le gustaba que tanta gente lo amara. Cuando esta gente vino a buscar a Jesús, Jesús dejó que se lo llevaran. Y dejó que lo mataran en una cruz. Los amigos de Jesús estaban tristes. Tomaron el cuerpo de Jesús y lo pusieron en una tumba
Una tumba era una pequeña habitación excavada en la ladera de una colina. Unos hombres pusieron una roca enorme delante de la puerta de la tumba. Los amigos de Jesús estaban muy tristes. No sabían que algo maravilloso iba a suceder.

Jesús muere en la cruz.

Mateo 27:32-56; Marcos 15:21-41;
Lucas 23:26-49; Juan 19:17-37

Jesús habla con María en el huerto.

Juan 20:10-18

María estaba muy triste. Pensaba que no volvería a ver a Jesús. María fue a la tumba donde estaba el cuerpo de Jesús. María quería poner especias sobre el cuerpo de Jesús (como se hacía en los tiempos bíblicos cuando alguien moría).

Cuando María llegó a la tumba, vio que estaba vacía. El cuerpo de Jesús. María lloraba y lloraba. No sabía que Jesús estaba vivo. María vio a dos ángeles. Le preguntaron: "¿Por qué lloras?". Alguien se ha llevado el cuerpo de Jesús y no sé dónde lo han puesto.

dónde lo han puesto". Entonces María se dio la vuelta y vio a un hombre que estaba allí. "Mujer", le dijo el hombre, "¿por qué lloras? ¿A quién buscas?" María pensó que se trataba de un jardinero.

María le dijo: "Señor, si te lo has llevado, dime dónde lo has puesto". El hombre sólo dijo su nombre: "María". Inmediatamente María supo ¡que era Jesús y que estaba vivo! ¡María se sintió tan feliz! Jesús le dijo a María que fuera a decirles a sus amigos que Él estaba vivo.

Jesús habla con María en el huerto.
Juan 20:10-18

Jesús prepara el desayuno en la playa.

Juan 21:1-25

Después de que Jesús murió y volvió a la vida, algunos de los amigos de Jesús fueron a pescar. Pescaron toda la noche, pero no pescaron nada. Cuando amaneció, todavía estaban en sus barcas en el lago. Al amanecer, vieron a alguien en la playa. Los amigos de Jesús respondieron: "No".

"Echad la red a la derecha de la barca y encontraréis peces. peces", dijo el hombre. Cuando los amigos de Jesús echaron la red, pescaron tantos peces que no pudieron subir la red a la barca. Pedro sabía que era Jesús quien les hablaba. Pedro saltó al agua y nadó hasta la playa para ver a Jesús. Los demás le siguieron en la barca. Remolcaron la red llena de peces. Cuando llegaron a la orilla, vieron que Jesús estaba cocinando el desayuno. Había un fuego con pescado y pan. Jesús les invitó a desayunar con Él.

Jesús prepara el desayuno en la playa.
Juan 21:1-25

Jesús vuelve en el paraíso.

Lucas 24:50-53; Hechos 1:1-11

Después de volver a la vida, Jesús pasó muchos días hablando con sus amigos. Un día subieron a lo alto de una colina. "Cuéntenle a la gente de todo el mundo acerca de mí", dijo Jesús. Jesús les prometió que el Espíritu Santo vendría y los capacitaría para hacer todo lo que Jesús les pidiera.

Luego Jesús subió al cielo. Los amigos de Jesús vieron cómo Jesús subía por los aires. Pronto las nubes cubrieron a Jesús. Los amigos de Jesús ya no podían verlo, pero siguieron mirando hacia arriba durante un rato.

De repente, dos ángeles se pararon junto a ellos. "¿Por qué os quedáis mirando al cielo?" preguntaron. "Jesús volverá algún día de la misma manera que le habéis visto subir al cielo". Entonces los amigos de Jesús se fueron a Jerusalén a rezar y a esperar la venida del Espíritu Santo.

Jesús vuelve en el paraíso.
Lucas 24:50-53; Hechos 1:1-11

Dios envía el Espíritu Santo.

Hechos 2:1-13

Después de que Jesús volvió al cielo, sus amigos oraron y permanecieron juntos en Jerusalén. Una mañana, un ruido como de un fuerte viento que soplaba llenó la casa donde se alojaban. Algo que parecía un pequeño fuego se posó sobre la cabeza de cada uno. Por fin había llegado el Espíritu Santo que Jesús había prometido.

Había gente de muchos lugares diferentes alojados en Jerusalén. Esta gente hablaba muchos idiomas diferentes. Cuando oyeron el ruido, se reunieron alrededor de la casa para ver qué pasaba.

Los amigos de Jesús empezaron a hablar en otros idiomas y a hablar de Jesus. La gente de Jerusalén estaba asombrada porque oían lo que los amigos de Jesús decían de Jesús en sus propios idiomas. Muchos creyeron en Jesús y empezaron a hablar de él a otras personas.

Jesús habla con Saulo.
Hechos 9:1-19

Saulo estaba seguro de que los amigos de Jesús mentían. Saulo no creía que Jesús fuera el Hijo de Dios. Saulo quería que la gente dejara de hablar de Jesús. Saulo estaba tan enojado que ¡incluso quería matar a la gente que creía en Jesús!

Saulo fue a Damasco para encontrar gente que creía en Jesús y llevarlos como prisioneros a Jerusalén. Mientras caminaba por la carretera con unos amigos, una luz brillante brilló de repente alrededor de Saulo. Saulo cayó al suelo. Jesús habló a Saulo. "¿Por qué me haces daño?" le dijo Jesús. "Ve a Damasco y se te dirá lo que debes hacer". Saulo se levantó, pero no podía ver. Los amigos de Saulo le ayudaron a caminar hasta Damasco.

Durante tres días, Saulo estuvo ciego y no comió nada. Él oró a Dios. Dios envió a un hombre que amaba a Jesús para ayudar a Saulo. El hombre fue a la casa donde se hospedaba Saulo y le dijo: "El Señor Jesús me envió para que puedas volver a ver". Inmediatamente, Saulo pudo ver. Ahora Saulo amaba y obedecía a Jesús.

Jesús habla con Saulo.

Hechos 9:1-19

Pablo y Silas cantan alabanzas a Dios en la cárcel.

Hechos 16:16-40

Pablo y su amigo Silas fueron encarcelados porque algunas personas gente estaba enojada con ellos. El carcelero les puso cadenas en los pies. Pablo y Silas no actuaron con miedo. Pablo y Silas cantaban canciones y oraban a Dios. Los demás presos de la cárcel escuchaban a Pablo y Silas.

En medio de la noche, el suelo comenzó a temblar y las paredes de la cárcel empezaron a desmoronarse. Hubo un terrible terremoto y todas las puertas de la cárcel se abrieron. Las cadenas de Pablo y Silas se soltaron.

El carcelero pensó que todos los presos se habían escapado. El carcelero decidió que sería mejor suicidarse que ser castigado por perder a los prisioneros. Pablo gritó: "¡No te hagas daño! Todavía estamos todos aquí".

El carcelero de sacó a Pablo y a Silas de la cárcel y se los llevó a casa para cuidarlos. Ahora el carcelero quería saber de Jesús. Todos en la familia del carcelero escucharon las buenas nuevas sobre Jesús y creyeron en Él.

Pablo y Silas cantan alabanzas a Dios en la cárcel.
Hechos 16:16-40

El barco de Pablo naufraga en una tormenta.

Hechos 27:1-44

Pablo y muchas otras personas subieron a un gran barco. Pablo sabía que no sería seguro viajar por el mar en ese momento. Dijo a la gente del barco: "Si zarpamos ahora, tendremos problemas". El gente no escuchó. El viento comenzó a soplar. Se llevó el barco mar adentro.

Luego el viento empezó a soplar cada vez más fuerte. ¡Splash! ¡Splash!

Las olas salpicaron el aire y se estrellaron contra el barco. Las olas casi vuelcan el barco. Grandes nubes oscuras cubrieron el cielo. Llovía a cántaros. Todos en el barco tenían miedo.

Pablo tenía buenas noticias para la gente. "No tengáis miedo", dijo Pablo.

"Nadie saldrá herido. Dios envió un ángel para decirme que Dios cuidará de todos nosotros".

Por la mañana temprano, la gente vio tierra. Intentaron navegar hasta la costa. Pero las grandes y fuertes olas empujaron el barco contra la arena, justo debajo del agua. ¡Chocó! El barco se hizo pedazos. Toda la gente saltó al agua. Llegaron a tierra. Nadie resultó herido. Dios cuidó de toda la gente.

El barco de Pablo naufraga en una tormenta.

Hechos 27:1-44

Pablo escribe cartas para ayudar a otros a seguir a Jesús.

2 Timoteo 1:1-4:22

Pablo escribió muchas cartas a diferentes iglesias y a diferentes personas. Pablo quería hablarles a otros acerca de Jesús. Quería ayudar a las personas que amaban a Jesús a saber lo que debían hacer. A veces Pablo escribía cartas mientras estaba de viaje. A veces incluso escribía cartas cuando estaba en prisión.

Pablo no fue puesto en prisión porque hizo algo malo. Pablo fue encarcelado varias veces porque algunas personas no querían que hablara a otras personas acerca de Jesús.

Una vez Pablo estaba en un calabozo profundo y oscuro. Escribió una carta a Timoteo. Timoteo era amigo de Pablo. Pablo quería decirle muchas cosas a Timoteo. Pablo también quería que Timoteo fuera a visitarlo a la cárcel. Pablo ayudó a Timoteo a aprender a vivir como seguidor de Jesús.

Pablo escribe cartas para ayudar a otros a seguir a Jesús.

2 Timoteo 1:1-4:22

Juan escribe la Buena Nueva.

Apocalipsis 1:1,2,9-11; 21:3-5

Cuando Jesús vivía en la tierra, Juan era uno de sus mejores amigos. Un día Jesús volvió a vivir con Dios en el cielo. Entonces Juan le contó a mucha gente la buena noticia de que Jesús ama a todas las personas. Pero algunas personas no querían a Jesús. Tampoco les gustaba Juan. Se llevaron a Juan de su casa y le obligaron a vivir en una isla solitaria.

Juan tuvo que quedarse en la isla mucho, mucho tiempo. Todos los días pensaba en Jesús y rezaba. Un día, mientras rezaba, ocurrió algo muy especial. Juan oyó una voz que le decía: "Escribe un libro sobre las cosas que ves. Luego envía el libro a la gente que me ama". Juan sabía que era Jesús quien le hablaba.

Entonces Jesús le mostró a Juan cómo es el cielo. También le mostró Juan algunas cosas que sucederán más tarde. Jesús va a volver. La gente que ama a Jesús vivirá con Él para siempre. Durante muchos, muchos días Juan escribió cuidadosamente las palabras de Jesús en libros especiales llamados pergaminos. En nuestra Biblia podemos leer las palabras sobre el cielo que Jesús le dijo a Juan que escribiera.

Juan escribe la Buena Nueva.
Apocalipsis 1:1,2,9-11; 21:3-5

Gracias de nuevo por su compra.

Esperamos que su hijo haya disfrutado de nuestro libro.

Este es un amable recordatorio para usted, para acceder a **www.gn-press.com** y reclamar su

¡REGALO GRATUITO!

ESCANEAR AQUÍ

Dios le bendiga a usted y a su familia

Si quieres pedir este libro sólo tienes que escanear aquí

Made in the USA
Columbia, SC
24 July 2024

39262239R00063